COUP D'OEIL

SUR

LA SITUATION

PAR

LE Dr JULES GUYOT.

25 Janvier.

PARIS

IMPRIMERIE CENTRALE DE NAPOLÉON CHAIX ET Cie.,

Rue Bergère, 20, près le boulevart Montmartre.

1849

COUP D'OEIL

SUR LA SITUATION.

Les véritables causes de la Révolution de février ont été jusqu'à présent méconnues par les gouvernements qui se sont succédé ; ou du moins ces gouvernements ont agi comme s'ils les méconnaissaient complétement.

La marche de la France en 1848 est restée, moralement et matériellement, ce qu'elle était en 1847, en 1846, en 1845 : elle est celle d'une nation engagée dans une voie fatale et ruineuse. Elle devient de plus en plus embarrassée par la fatigue, l'épuisement et la terreur, à mesure qu'elle approche du précipice qui en est le terme évident.

Depuis huit années, la France dépensait en moyenne cinq cents millions de plus par an que ses budgets moyens ordinaires pendant les 25 années précédentes.

A la septième année, elle était sur le seuil de la ruine, à la huitième elle l'a franchi.

Le premier janvier 1848, la théorie des gros budgets était jugée par tous les bons esprits : l'expérience était complète, l'utopie était évidente : à cette époque, le travail, la propriété, l'agriculture, l'industrie, le commerce, toute la vie sociale, en un mot, était haletante et exténuée. Le travail ne suffisait ou ne s'offrait plus à l'ouvrier, le propriétaire s'obérait par les hypothèques, le commerçant émettait et renouvelait des masses de billets sans valeur ; l'industrie, la grande industrie surtout, roulait sur des actions sans capital ; le gouvernement lui-même, malgré la main mise sur 400 millions de dépôts, malgré l'émission de bons du trésor pour une somme de 325 millions, malgré l'emprunt de 250 millions au taux le plus onéreux, malgré les vexations et les exactions de toute espèce pour faire rendre à l'impôt plus qu'il ne pouvait, plus qu'il ne devait rendre, le gouvernement lui-même était démoralisé devant l'abîme ouvert sous ses pieds.

Excepté quelques rares courtisans du budget, excepté les grands entrepreneurs et les grands financiers, excepté les *satisfaits*, si connus et si peu nombreux, la France en masse demandait la réforme! La réforme pour le peuple, pour la nation tout entière, ce n'était point la forme, c'était le fond; c'était le changement de système économique et financier. La réforme était le cri de guerre, la formule opposée aux abus et à la misère, la protestation contre l'imminence de la ruine.

Il ne s'agissait pas plus de la République en février 1848, qu'il ne s'agissait de Louis-Philippe en juillet 1830. La République a été acceptée en février comme une espérance, comme un moyen d'échapper enfin aux catastrophes périodiques que les monarchies étaient inhabiles à conjurer.

A ce moment, la société, depuis la base jusqu'au sommet, ne se soutenait plus que par l'abus du crédit fondé sur un équilibre menaçant: la révolution a rompu ce reste d'équilibre, et la misère s'est nécessairement montrée dans toute sa nudité!

La nation tout entière a d'abord bravement subi l'épreuve : riches et pauvres, propriétaires et prolétaires, tout le monde était prêt aux plus grands sacrifices, aux efforts les plus généreux, pour faire face aux embarras et aux charges du moment. Mais par l'inintelligence et l'impéritie de nos gouvernants révolutionnaires, la misère s'est accrue de jour en jour avec les dépenses publiques, et le budget de **1800** millions est venu prouver à la France, mieux que tous les raisonnements possibles, que les théories désastreuses des derniers ministres de Louis-Philippe étaient encore les seules que les républicains de la *forme* aient su mettre en pratique. Ils les ont aggravées en frappant des impôts, en en instituant de nouveaux sans en réformer aucun, et les 300 millions qu'ils ont dépensés de plus que le gouvernement déchu les ont fait descendre à 300 millions au-dessous dans l'estime du peuple.

Ces hommes se sont dits républicains, ils ont appelé leur gouvernement *la République!* La République, la plus noble, la plus juste et la plus économique des formes gouvernementales, est frappée au cœur, grâce à leur vertigieuse incapacité. Sous son drapeau, qu'ils élevaient avec amour, je veux le croire, ils ont continué l'œuvre Thiers-Guizot-Duchâtel, et parachevé la ruine si bien amenée par cette fatale trinité.

Avec la ruine matérielle devait se continuer et s'accomplir définitivement aussi la ruine morale, car un gouvernement sur le point de manquer à tous ses engagements, préoccupé de ses besoins journaliers, absorbé par la recherche d'expédients et de ressources pécuniaires, ne peut avoir ni indépendance, ni dignité, ni noblesse de cœur, ni élévation d'esprit; il devient incapable de résoudre les questions de justice et d'humanité; il est défaillant à l'intérieur et à l'extérieur. C'est ce que nos huit dernières années ont prouvé.

La question financière prime et domine toutes les autres questions : c'est celle-là seule qu'il importe de résoudre.

Entre un budget de 1,800 millions et un budget d'un milliard, il y a toute la distance de la détresse la plus profonde à la prospérité la plus désirable.

Il s'agit en effet de laisser ou d'enlever à la France 800 millions de bénéfices flottants; c'est-à-dire une somme qui représente l'aisance et la prime du travail, de la propriété, de l'agriculture, de l'industrie et du commerce.

La richesse nationale, le trop plein des produits et du numéraire qui les représente, s'appliquent à deux fonctions également importantes : une part subvient aux nécessités de l'État et constitue le budget, une autre alimente le travail, entretient la propriété, soutient l'agriculture, l'industrie, les affaires : si le budget prend tout, la vie sociale manque de stimulant, elle s'affaisse, elle n'est plus.

La richesse de la France, c'est son revenu net : c'est son bénéfice tous frais faits ; c'est-à-dire le travail et le capital des particuliers payés.

La France ne peut pas plus produire des revenus indéfinis, qu'une ferme, une propriété quelconque. Elle peut rendre un milliard net en conservant l'aisance générale ; elle se ruine si on lui demande 1,500,000,000, à plus forte raison si on lui demande 1,800,000,000.

La ruine économique absolue d'une nation n'implique pas la ruine absolue des particuliers : elle la précède. Elle en est séparée de toute la résistance des particuliers à l'extorsion. La vie privée souffre de la ruine nationale ; elle est attaquée dans son travail et dans sa richesse, dans le nécessaire et dans le superflu ; mais elle se défend avec énergie, et le plus souvent elle se maintient, tout en recevant de graves atteintes.

La confusion de la richesse publique avec la fortune privée égare un grand nombre d'esprits : prenant la fortune des particuliers pour celle de la nation, ils s'imaginent que le seul retour de la confiance rétablira l'aisance et la prospérité générales. C'est là une erreur funeste, sur laquelle on fonde de vaines espérances. La confiance revînt-elle tout entière et sans arrière-pensée, sous quelque gouvernement que ce soit, la richesse publique n'en sera pas moins ce qu'elle est, c'est-à-dire complétement anéantie par les 4 à 5 milliards dépensés depuis huit années en dehors et au-dessus des budgets ordinaires. Pour obtenir cette confiance, on chasserait successivement tous les pouvoirs et tous les hommes, qu'on n'obtiendrait rien que de factice et d'éphémère.

M. Lacave-Laplagne et, après lui, M. Vitet ont essayé de défendre les budgets et le système financier de Louis-Philippe. Ils ont en effet démontré qu'en évoquant le ban et l'arrière-ban de leurs ressources et de leur crédit, et en obtenant des attermoiements et des renouvellements, la banqueroute n'eût point eu lieu en 1848, comme le prétendait M. Garnier-Pagès ; mais c'est là tout ce qu'ils ont pu prouver. Ils ont cependant encore établi que les énormes dépenses du dernier règne avaient été employées pour le mieux, selon leur intelligence, c'est-à-dire en grandes et belles constructions, en routes, canaux, chemins de fer, etc., etc. Enfin, ils font voir que la dette s'est accrue sous le gouvernement de Louis-Philippe dans une proportion bien moindre que sous les règnes précédents.

Cette dernière circonstance prouve contre la cause qu'ils défendent ; car, en demandant à l'emprunt leurs dépenses extraordinaires, les gouvernements témoignent de leur sollicitude pour les contribuables. 500 millions empruntés grèvent le budget annuel de 25 millions ; 500 millions demandés à l'impôt prélèvent 20 fois plus sur la production et la consommation annuelles. Cette surcharge de 500 millions dans les impôts, maintenue pendant 8 années de suite, enlève 4 milliards à la richesse d'une nation, et 4 milliards demandés à l'emprunt ne lui enlèvent que 200 millions par an. Empruntés annuellement par 500 millions, les 4 milliards n'ont enlevé au bout de 8 ans, en calculant les intérêts des intérêts, qu'une somme moindre de 1 milliard ; il reste donc 3 milliards de richesse flottante, si cette richesse totale est en effet de 4 milliards. On va donc moins vite à la ruine et à la banqueroute par l'emprunt que par l'impôt. On y arrive aussi sans doute, mais par un chemin plus long : nous avons pris le chemin le plus court.

Les défenseurs des gros budgets avouent qu'on a trop dépensé. M. d'Audiffret le proclame aussi sans réserve ; mais M. Lacave-Laplagne cherche à se justifier par les avantages et les revenus considérables que les travaux exécutés promettent à l'avenir de la France. M. Lacave-Laplagne se fait illusion : les canaux, les chemins de fer ne rapportent et ne rapporteront rien à l'État ; ils ne rapporteront même rien à l'industrie, qui en payera largement l'usage, comme c'est son devoir ; ils rapporteront à leurs compagnies fermières, et c'était à ces compagnies fermières qu'il appartenait d'en faire les frais. L'industrie privée n'aurait point fait défaut aux besoins de nos communications, si l'industrie officielle n'avait mis à cet égard l'interdit sur elle. Les ateliers nationaux, qu'on appelle corps national des ponts-et-chaussées, sont la ruine de nos finances et la mort du génie civil. Mais si l'ancien ministre des finances peut tourner la question des routes, canaux et chemins de fer, selon ses vues ; s'il peut croire à leur produit net au profit du Trésor, que dira-t-il des monuments, des forts et fortifications ? Que pense-t-il des dépenses de l'Algérie, portées de 40 à 107 millions par an, dans les six dernières années ? Que pense-t-il de l'augmentation de 376 millions de dépenses seulement sur les services ordinaires des budgets ? Comment explique-t-il que la marine et les colonies, parfaitement entretenues pendant 20 ans avec un budget de 65 millions, aient eu besoin de 138 millions sous son administration ? Comment la guerre a-t-elle su dépenser également 135 millions de plus que son budget ordinaire ? Comment, à côté de ces accroissements effroyables, le système financier, qu'il défend, ajoutait-il une dépense moyenne extraordinaire de plus de 150 millions chaque année après 1840 ?

Vous dites que vous n'avez pas créé de nouveaux impôts ; que vous en avez diminué quelques-uns : au début du règne de Louis-Philippe, oui, cela est vrai ; mais, j'en appelle à tous les contribuables directs ou indirects, en est-il un seul dont les taxes n'aient pas été augmentées ? J'en appelle à vos propres chiffres : 340 millions ont été perçus de plus en 1846 qu'en 1829 ! On a fait rendre à l'impôt, dans les dix dernières années, par une âpreté excessive toujours, injuste souvent, plus qu'il ne pouvait rendre, et vous appeliez le fruit des instructions les plus impitoyables données à vos agents le signe de l'augmentation de la prospérité nationale ! Vous pouvez aujourd'hui juger cette prospérité. Je vais vous donner un document de plus pour éclairer votre conscience : il se consommera en France, cette année, un tiers de vins de luxe de plus que les années précédentes. Savez-vous pourquoi ? Eh bien, c'est que le commerce aux abois les livre à moitié du prix de revient. Vous percevrez donc un tiers de droits en sus des autres années : voilà comment l'augmentation du rendement de vos impôts est un signe d'accroissement de la prospérité. Depuis plusieurs années, l'industrie et le commerce étaient obligés de produire et de mettre en mouvement deux fois plus de produits pour se soutenir : vous perceviez deux fois plus de droits, et vous preniez ainsi le signe du malaise pour le signe de la richesse.

Je compare la France à un gros propriétaire, qui, sans ruiner ses fermiers, sans devancer ses coupes de forêts, sans laisser changer ses prairies en marais, pourrait avoir couramment un million de revenu par an, et qui, d'accord avec ses intendants, dépenserait 1500 mille francs. Cet homme ruinerait ses fermes et ses bois ; il emprunterait à ses tenanciers, à ses ouvriers, à ses domestiques, et il arriverait bientôt à la ruine complète. Il changerait vainement ses intendants ; s'il ne changeait pas ses dépenses, et à plus forte raison s'il les augmentait, sa perte serait certaine. Il importe peu que ses dépenses soient folles ou raisonnables, qu'il paye ou ne paye pas ses créanciers, qu'il fasse des routes romaines, des chemins de fer et des monuments, que ses travaux doivent lui rapporter, dans 10, 15 ou 20 ans, 3 ou 4 0/0 de ses avances; il dépense plus qu'il ne peut : il périra nécessairement dans un nombre d'années calculable. La dernière année de son existence sera celle où son crédit sera épuisé ; celle où il aura atteint la limite des gages qu'il peut offrir, c'est-à-dire lorsqu'il aura dévoré son capital avec ses revenus. Si, par la confiance qu'il inspire, frauduleusement il s'est fait prêter au delà des garanties qu'il peut offrir, il fera banqueroute. L'abus de la confiance et du crédit conduit un gouvernement aussi bien qu'un particulier au déshonneur. La confiance ne doit se donner ni sur des noms propres ni sur des discours : elle ne doit s'appuyer que sur des faits et sur des gages.

Quand un grand seigneur écrasait autrefois ses vassaux d'impôts et de taxes de toute espèce, la misère et le désespoir habitaient sa province ; pourtant il faisait bâtir des châteaux et des forteresses ; il établissait des moulins et des fours banaux ; il déployait un luxe qui faisait honneur aux manants ; il entretenait des bardes et des baladins ; il équipait et soldait un grand nombre de gens d'armes : en un mot il encourageait à sa manière les arts, l'industrie, le luxe : il ne manquait pas de dire aussi qu'il se tenait prêt à défendre la contrée contre l'invasion et la spoliation ; il expliquait ou faisait expliquer aussi comment la consommation du blé, des bestiaux, des fourrages, par ses gens de toute sorte, comment les équipages, les vêtements, l'entretien de ces mêmes gens, rendaient à la province autant et plus qu'il ne lui prenait en subsides ; les vassaux gémissaient épuisés par son gouvernement avide et menteur; leur bon sens ne pouvait prendre le change, et d'ailleurs, les huissiers, recors et gendarmes, emportant leurs dernières ressources, les dispensaient de tout raisonnement; l'illusion n'était plus possible; le fait évident, la ruine et la faim, laissaient au sophisme toute sa nudité.

Comment supposer raisonnablement qu'un gouvernement central, après avoir épuisé par toute sorte d'impôts directs et indirects chacune des dernières ramifications de la production, après avoir pressuré chaque individu valide et invalide, comment supposer qu'un tel gouvernement, composé de huit à neuf têtes plus ou moins variables, plus ou moins honnêtes, plus ou moins sensées, saura rendre à la société et à chacun de ses éléments la vie qu'il leur a enlevée, et la leur rendre dans la juste limite de leurs besoins et de leur droit? Cela est impossible; il ruinera toujours la production et la consommation pour enrichir par ses établissements, ses travaux, ses primes, ses encouragements, ses prêts et dons, des fractions, des groupes, des corporations, des compagnies, des individus; la richesse publique sera toujours appliquée, par ses mains, à un parasitisme improductif.

Mais je laisse de côté cette discussion : j'accorde toutes les justifications des défenseurs des gros budgets, je ne les accuse plus, je ne les blâme même plus : il s'agit d'ailleurs là d'une théorie, d'un point de vue, d'une utopie comme les théories, les points de vue, les utopies de M. Louis Blanc, de M. Proudhon, de M. Victor Considérant. Seulement, la théorie Thiers, Guizot et Duchâtel a malheureusement été mise en pratique et poussée jusqu'à sa dernière limite; mais une idée fausse n'est pas un crime, et je dis que s'il y a lieu de profiter d'une expérience négative, il n'y a point lieu à proscription. Je prends donc les faits tels qu'ils sont, et je constate seulement, ce que personne ne conteste, que les dépenses publiques ont été portées à 400, 600, et même 800 millions de plus qu'un milliard, et j'affirme que ce régime, appliqué plus particulièrement depuis huit années, avec une progression ascendante proportionnelle à peu près au nombre d'années écoulées, est la cause unique et absolue de la révolution de Février; j'affirme qu'aucun gouvernement, qu'il s'appelle *république*, *empire*, ou *monarchie*, ne pourra résister au bon sens national pendant plus d'un an désormais, si l'application de ce système continue.

Que les socialistes, que les républicains, que les monarchistes en soient bien convaincus, leur avenir à tous, le salut du pays, a pour première base le rétablissement de la richesse-flottante par l'abaissement des dépenses publiques à un milliard; c'est encore là un taux de prélèvement considérable sur la fortune nationale au profit de l'administration; pendant plus de vingt ans, ce budget a été considéré avec raison comme un menaçant maximum; mais l'expérience a montré que le travail, la propriété, l'industrie et le commerce pouvaient prospérer avec un tel budget. La prudence exige qu'on s'arrête aux limites certaines posées par des faits incontestables.

Oui, si les contribuables sont nettement, franchement déchargés du surplus, à partir de cette année même, il restera en moyenne, sur les huit dernières années, 500 millions de richesse, 500 millions d'encouragements et de primes pour le mouvement et la vie sociale.

Ces 500 millions ne coûteront rien à percevoir, puisqu'ils ne seront pas perçus; ils ne coûteront rien à répartir, puisqu'ils resteront dans les mains des producteurs et des consommateurs; cette répartition n'est pas sujette à erreur; elle existe dans la limite précise du droit de chacun. Les secours donnés au commerce, aux ouvriers, aux entrepreneurs, peuvent-ils jamais avoir ce caractère d'universalité, d'exactitude et d'équité ? Un secours de 500 millions donnés par les mains du gouvernement, en France, c'est la ruine, c'est la mort du pays; c'est une énorme prime à la haute fourberie, à la grande mendicité; c'est un vol fait à trente-six millions d'habitants, au profit de quelques milliers; un abaissement de 500 millions dans les taxes, c'est la vie laissée à la société tout entière; c'est la base la plus large du rétablissement de la richesse publique.

Ce n'est pas seulement ces 500 millions d'une année qui constitueront la richesse publique, mais 500 millions de l'année suivante viendront s'y ajouter, puis 500 autres millions après, cinq milliards en dix années (1)! Mais n'exagérons rien : puisque les recettes ne se sont jamais élevées en France qu'à un milliard 360 millions (le

(1) La diminution de la dépense de ces 500 millions rend 360 millions à la fortune publique, et laisse par l'absence d'emprunt 140 millions flottants à la fortune privée qui s'ajoutent à l'activité générale.

surplus a été demandé à l'emprunt ou à des expédients), admettons que la fortune publique ne s'enflera annuellement que de ces 360 millions; en dix années, notre richesse flottante sera revenue incontestablement à 3 milliards 600 millions, si la somme demandée annuellement aux contribuables ne dépasse pas un milliard. C'est déjà un fort beau chiffre en sus de l'acquittement des dépenses annuelles de l'État.

Une portion de cette richesse, la plus importante, s'applique à la production immédiate, au travail local; l'autre cherche les grandes entreprises dans les justes limites de l'excédant et dans la véritable mesure de l'utilité constatée par le rendement ou péage. Dans ce système, jamais un État ne peut se ruiner, et l'État s'est ruiné dans le système opposé. La preuve, la voici :

La richesse flottante n'existe plus, puisque les dépenses dépassent les recettes et qu'on ne peut plus augmenter l'impôt; la richesse privée est épuisée, puisqu'elle ne veut plus et qu'elle ne peut plus prêter à l'État; elle n'a donc plus d'excédant disponible. Tout le monde sait que ce ne sont pas les banquiers qui prêtent à l'État : l'État donne aux banquiers des coupons de rente que ces derniers vendent aux particuliers. Si les banquiers n'ont pas la certitude de vendre ces coupons, ils ne s'engagent pas envers l'État. Les banquiers sont des agents, des courtiers du gouvernement; le véritable prêteur, c'est le pays. Aujourd'hui le pays n'est pas en état de prêter, les banquiers ne s'engageront pas pour les sommes énormes dont nous avons besoin cette année, et je crois qu'ils auront raison; ils sont dans le droit commun en refusant leur concours; ils font usage, comme tout le monde, de leur bon sens et de leur liberté. Aussi le gouvernement doit-il se passer d'eux. Un seul établissement de banque se trouve dans une position exceptionnelle vis-à-vis de l'État, c'est la Banque de France : la Banque de France est un établissement national qui doit s'associer à toutes les mesures de salut public.

En résumé, la véritable situation financière du pays à l'entrée de 1849 est celle-ci : la *richesse publique* est non-seulement absorbée par les dépenses, mais elle est dépassée d'une somme de 560 millions qu'il faut couvrir en 1849. La *richesse privée* a été tellement pressurée, tellement épuisée que le travail, l'agriculture, l'industrie et le commerce sont dans un état de maladie voisin de la mort; il est donc urgent, indispensable de diminuer les taxes qui l'écrasent depuis trop longtemps, c'est-à-dire d'abaisser les recettes à un milliard et de créer ainsi un second déficit d'environ 360 millions. En somme, il faut pourvoir à un découvert total de 920 millions pour replacer la France dans une voie de prospérité. La première condition du maintien d'un gouvernement, quel qu'il soit, est à ce prix.

En effet, une somme de 560 millions, réalisée par de larges économies ou par des ressources quelconques étrangères aux contribuables, ne servira qu'à couvrir le déficit et ne sera d'aucune aide aux individus ; la vie sociale n'en sera pas moins expirante : il en sera tout-à-fait de même la deuxième, la troisième et la dixième année. Si les contribuables payent toujours le maximum des recettes, 1 milliard 360 millions, vous ne changez rien à la misère du pays, puisque le pays s'est ruiné en payant chaque année 100, 200, enfin 360 millions de plus qu'il ne pouvait payer; s'il les paye toujours, vous n'avez rien fait pour lui.

Qu'importe que vous mettiez vos budgets en équilibre, si vous enlevez toujours à la partie militante de la société son salaire, ses bénéfices, ses primes, ses encouragements? Je vous en avertis d'avance, afin que vous ne vous fassiez pas illusion, afin que vous ne tiriez pas vanité d'avoir diminué quelque peu les dépenses et payé quelques millions sur le découvert : en équilibrant les dépenses et les recettes, vous n'aurez encore rien fait, absolument rien contre la misère publique, contre la stagnation des affaires, vous n'aurez point sauvé le pays.

Lorsque les dépenses publiques se seront équilibrées avec un budget annuel d'un milliard, et qu'ainsi la richesse flottante aura recouvré sa base et son aliment périodique de 360 millions laissés aux contribuables, le moment sera venu de changer l'assiette des impôts, et de leur donner une origine logique et équitable. Mais jusque-là toute transformation dans les taxes, toute création, toute addition d'impôt nouveau est une cause de perturbation. Les diverses sources des impôts, aujourd'hui, sont tellement arbitraires, et leur perception si judaïque, que l'établissement des contributions les plus justifiables et les plus nécessaires est impossible et profondément injuste par les double-emplois et contradictions. Un seul droit, le prélèvement proportionnel sur les successions, peut être établi, parce que ce n'est point un impôt, il ne frappe ni la production, ni la consommation. Mais pour qu'il ait quelque importance et quelque valeur, il faut qu'il soit tel que je l'ai proposé, selon les principes de la commission de l'Assemblée nationale, il est vrai, mais sur une base beaucoup plus large. L'impôt sur le revenu et sur les salaires est inique de tous points. Il frappe toujours deux fois la même valeur s'il s'adresse à l'intérêt perçu par un propriétaire ; il impose le travail et doit s'étendre à la journée de l'ouvrier s'il s'applique au traitement des employés, des militaires, des magistrats. Cet impôt est illogique, ruineux et rétrograde ; il ne sera pas admis par l'Assemblée, ou bien il sera bientôt aboli.

Aucun nouvel impôt ne peut donc être établi sans une refonte générale des taxes, même après l'abaissement du chiffre total des recettes, à plus forte raison serait-ce une absurdité d'essayer d'en établir en surcharge, et pour couvrir le déficit des budgets. Ce serait le dernier coup porté aux derniers étais, déjà si chancelants, de l'édifice social.

Quant à la diminution des taxes, il est évident qu'elle doit porter sur les substances alimentaires, le sel, les boissons, les viandes et poissons salés, les sucres, cafés, bestiaux, céréales, etc. qui supportent ensemble et en totalité une charge de 270 millions ; et les 90 millions restant pour compléter les 360 millions doivent servir à dégrèver l'impôt foncier. Toutes ces charges s'ajoutant aux prix des aliments, constituent la capitation la plus onéreuse, et par conséquent celle qu'il importe de faire disparaître le plus immédiatement.

Ainsi pour couvrir le déficit de 920 millions, produit des découverts successifs et de la diminution des taxes qui grèvent particulièrement les substances alimentaires, *pas d'impôts nouveaux*, et j'ajouterai, *pas d'emprunts*.

Je l'ai déjà dit, l'emprunt est à peu près impossible : s'il pouvait se réaliser, ce serait à un taux tellement onéreux, qu'une inscription de 60 millions de rentes nouvelles ne suffirait pas à obtenir une somme de 600 millions. Une telle aggravation de la dette publique écraserait les budgets à venir et déterminerait infailliblement la banqueroute.

On allègue vainement l'exemple de l'Angleterre et de sa dette, presque double de la nôtre. L'Angleterre est à la France ce qu'un grand négociant est à un grand propriétaire, ce qu'un banquier qui loue l'argent est à un fermier qui loue des terres. Le roulement des affaires d'Angleterre est décuple du nôtre, sa dette pourrait être beaucoup plus élevée encore, qu'elle en serait beaucoup moins affectée que nous. Ses principales valeurs sont mobiles et réalisées dans une industrie et un commerce universels. Nos valeurs principales sont immobilisées et peu réalisables. La France est entravée par une dette de propriétaire, que l'Angleterre considérerait comme très-légère dans un compte courant de négociant.

L'emprunt ne serait pas seulement intolérable pour les budgets futurs, il ajouterait immédiatement à la misère privée. L'impôt, ai-je dit, épuise les ressources flottantes, la richesse publique; l'emprunt est un recours à la fortune privée qui se transporte à l'État; les Caisses d'épargne, les inscriptions au grand-livre indiquent par leur ensemble le nombre et le taux des ressources privées qui sont venues au secours de la dépense publique : il attaque une des bases essentielles de la vie d'un peuple, comme l'impôt attaque l'autre. Le gouvernement doit s'arrêter aujourd'hui devant ces deux gouffres, sur le bord desquels nous sommes enfin arrivés. Un pas de plus dans l'augmentation des impôts et dans l'augmentation des emprunts, et le vieil édifice social s'écroule.

Cette éventualité n'a rien qui m'effraie : une société jeune et robuste naîtra des ruines d'une société décrépite, je n'en doute pas; mais à combien de douloureuses épreuves sommes-nous destinés; combien d'années de malheurs et de misère nous sont-elles réservées avant d'arriver à cette réparation? Je n'aime pas l'inconnu, et je déplore l'aveuglement des gouvernements qui s'y précipitent.

Rien n'est plus facile aujourd'hui que de diminuer les impôts, et de combler le déficit sans engager l'avenir : il ne faut pour cela qu'un peu de fermeté, soutenue par un peu de raison.

Le gouvernement doit faire rentrer, dans un délai d'un an, les dépenses publiques, y compris la dette, dans les limites de 1 milliard à 11 cent millions; une fois le déficit comblé par de larges économies, le surplus des impôts profitera chaque année aux contribuables.

En 1829, les recettes ne s'élevaient pas à 994 millions, et les dépenses, y compris un excédant de 25 millions pour les dotations et la liste civile, n'atteignaient pas un milliard 15 millions, et à cette époque même, on demandait à juste titre de grandes économies. Pendant quinze ans, après tous nos désastres de 1814 et de 1815; avec l'indemnité payée à nos ennemis; avec l'indemnité payée aux émigrés; avec la guerre d'Espagne, l'affranchissement de la Grèce, la conquête de l'Algérie, un budget des recettes et des dépenses, constamment en moyenne au-dessous d'un milliard, a pourvu à toutes les éventualités, à toutes les dépenses ordinaires et extraordinaires : une telle expérience est définitive : la France peut s'administrer, se gouverner, se défendre, et même attaquer avec un budget d'un milliard. Équitablement perçu et honnêtement appliqué, un pareil budget peut encore laisser à de grandes entreprises, 1,750 millions, puisque nous n'avons plus d'émigrés ni d'ennemis à indemniser.

A la rigueur, nous n'aurions donc pas besoin de ressources extraordinaires; il ne faudrait point d'autre moyen que l'économie largement appliquée aux dépenses utopiques et abusives, pour combler le déficit entre le budget d'un milliard et celui de 1,800 millions, si la réforme pouvait s'opérer par enchantement et à l'instant même :

mais il ne peut en être ainsi. Il s'agit, dans une situation des plus graves, d'opérer une double liquidation : la liquidation d'un passé imprévoyant et celle d'un présent compliqué par les prétentions des nombreuses parties prenantes, et par l'agitation impatiente des populations et des partis.

L'abolition des impôts indirects, et la diminution des impôts directs qui pèsent plus particulièrement sur les substances alimentaires et sur l'agriculture (l'augmentation sur les impôts directs est précisément de 90 millions, et celle sur les impôts indirects est de 250 millions depuis 1829), calmera cette juste impatience des populations, excitera légitimement leur enthousiasme, et imposera silence à la colère des partis. Mais pour justifier cette noble audace de la diminution des recettes en présence d'un déficit énorme, pour utiliser la force morale qu'elle prêtera au gouvernement, il faut liquider rapidement le présent et le passé.

A cet effet, il faut une année de temps et (au-dessus d'un milliard à 11 cent millions de recettes), une somme de 600 millions en argent comptant.

La réalisation des économies se croisera,

chemin faisant, avec cette avance, et l'année 1849 se clora en équilibre avec un budget d'un milliard à onze cent millions pour 1850, ayant fait honneur à tous les engagements de l'État et payé fidèlement toutes les dettes courantes en principal et intérêts.

La solution du problème de la situation ainsi ramenée à son expression la plus générale, ne présente plus à dégager que deux *inconnues*.

1° Trouver un gouvernement *désintéressé, courageux, inflexible*, qui *comprenne*, qui *veuille*, et qui *puisse;*

2° Trouver six cents millions disponibles, sans impôt et sans emprunt.

Cette dernière partie de la solution définitive est entièrement résolue pour moi, le gouvernement peut avoir en un mois six cents millions de valeurs à lui appartenant, dans ses caisses, toutes prêtes à payer ses services ; valeurs réelles et plus recherchées qu'aucune des valeurs actuelles. Je connais une compagnie, la plus puissante et la plus riche de l'Europe, qui prendra au comptant tout le restant des forêts de l'État : elle remboursera immédiatement la banque de France du montant de ses hypothèques sur ces forêts, et versera au trésor, pour subvenir aux besoins de la liquidation, le surplus de la valeur convenue, surplus jugé approximativement égal à six cents millions. Cette négociation sera réalisée, quelle que soit la gravité des circonstances présentes ou futures, guerre ou paix (1).

Mais il est évident que cette solution définitive n'a d'importance et ne doit être réalisée que

(1) L'aménagement forestier de la France comprend aujourd'hui en totalité 6,840,000 hectares, dont 3,667,000 aux particuliers, et 3,173,000 aux communes, au domaine et à l'État. Ces 3,173,000 hectares se divisent encore ainsi : 1,956,000 hectares appartenant à 11,000 communes ; 137,000 hectares propriétés particulières de princes ; 57,000 hectares apanages de princes ; 66,000 hectares appartenant à l'ancien domaine de la couronne, et 957,000 hectares appartenant à l'État proprement dit.

Il est établi par l'autorité des conservateurs les plus habiles que 200,000 hectares aménagés à toute futaie suffiraient et au-delà à tous les besoins des constructions militaires, civiles et de la marine : en choisissant 200,000 hectares les plus propres aux futaies, dans lesquels on ferait entrer les 66,000 hectares de l'ancien domaine de la couronne et les 57,000 hectares apanagers, il resterait 880 hectares disponibles pour la vente ; j'admets encore 80,000 hectares pour les ajouter à la réserve, et c'est de ces 800,000 hectares restants que l'État peut obtenir de 700 à 720 millions. En 1830 l'hectare de forêt valait en moyenne 750 francs ; depuis cette époque, le développement donné aux usines, aux constructions et aux chemins de fer, a élevé le prix des bois de façon à porter la valeur moyenne de l'hectare à de 900 francs ; à ce taux il y a encore avantage à acheter.

La question du droit qu'aurait l'État de vendre ses forêts est depuis longtemps jugée : le gage des créanciers de l'État est tout entier dans la confiance, et ce n'est pas une hypothèque de 720 millions qui peut garantir une dette de cinq milliards. Si l'État se liquide et se place dans une voie régulière, au moyen de ces 720 millions le service de la rente est bien autrement assuré que s'il approche de plus en plus de la banqueroute. D'un autre côté, les forêts de l'État rapportent en moyenne 2 1/2 0/0 au trésor, par un gouvernement qui *comprenne*, qui *veuille* et qui *puisse*. Dans toute autre condition, une somme de soixante millions n'est qu'un moyen donné à l'incapacité de traîner un peu plus loin son existence au milieu de la misère et de la ruine publiques : ce n'est qu'un moyen de prolonger les dilapidations et les abus. Quelques indemnités payées à des exploiteurs d'hommes *noirs* ou *blancs* (1) auraient bientôt absorbé la somme :

tandis que l'impôt qui sera payé par les propriétaires lui rendra à peu près 1 1/2 0/0. C'est donc là un emprunt contracté au taux de 1 0/0, c'est donc une opération des plus avantageuses pour tout le monde, si elle est praticable. L'administration des forêts elle-même n'y trouverait aucun dérangement, ni dans son personnel ni dans ses appointements. Pendant quatre à cinq années, au contraire, elle prendrait une activité et une importance nouvelles. Je prends sous ma garantie la plus affirmative tout ce que j'avance ici.

Quant aux défrichements et aux reboisements, l'expérience a prouvé que depuis vingt-cinq ans l'industrie privée les compense pour le moins, puisque la somme de l'aménagement forestier augmente au lieu de diminuer.

(1) On parle de donner 120 millions d'indemnité aux colons pour l'affranchissement des nègres. Cette intention accuse dans notre époque un esprit de vertige qui nous pousse irrésistiblement aux abîmes ; le même esprit de prodigalité insensée a engendré depuis longtemps une foule de propositions analogues, qui n'ont pas peu contribué à la ruine actuelle. Si dans l'état où elle est réduite la mère patrie doit 120 millions aux colonies, elle doit au moins 3 milliards à l'industrie et à la propriété métropolitaines, car la révolution de février leur a causé un dommage réel plus que double de cette somme. Une société raisonnable doit subir les cataclysmes et les grands événements sociaux comme les cataclysmes et les bouleversements de la nature ; il n'est pas plus en son pouvoir de réparer les uns que les autres. L'affranchissement des nègres était d'ailleurs un événement prévu et calculé pour un avenir très-prochain. Depuis la loi de 1845 surtout le prix des

les contribuables ne seraient pas dégrevés, la société ne serait pas liquidée, et nous n'aurions fait qu'un pas de plus vers la banqueroute et le chaos.

C'est ainsi que depuis février tous les moyens proposés pour remplacer des impôts ruineux par des impôts rationnels et faciles à supporter, ont été exploités et proposés en sus des impôts existants. Jamais les hommes dévoués à l'humanité n'ont vu travestir plus grossièrement, jamais ils n'ont vu appliquer plus brutalement leurs projets d'amélioration ! Ils offraient un pilier neuf

nègres baissait en proportion des chances plus prochaines d'affranchissement, et leur prix de location augmentait en sens inverse de la diminution d'achat. Un nègre coûtant 2,000 francs devait rendre 500 francs par an ; et un nègre charpentier, forgeron, chef d'atelier, coûtant 5,000 francs, rapportait par an 12 à 1300 francs nets à son propriétaire. La plupart des nègres ont amorti leur valeur, un grand nombre l'a en outre rachetée ; chaque nègre a payé en moyenne cinq à six fois son prix ; il en est un grand nombre parmi ceux qu'on loue qui ont gagné 40,000 francs nets à leur maître. S'il était dû une indemnité, ce serait à peine à ceux qui ont acheté leur esclave depuis un an ou deux ; mais en réalité il n'en est dû à personne autrement que par des institutions réparatrices. La France doit indemniser les colonies, comme elle s'indemnisera elle-même, par l'affranchissement, les dégrèvements, les économies et la sagesse de son administration. Tout le reste n'est que mensonge, dilapidation, misère. Le dégrèvement des denrées coloniales coûtera moins qu'une indemnité ; il profitera à la mère patrie, par le bon marché des sucres, cafés, etc. ; il augmentera la consommation, encouragera la marine marchande, et ouvrira aux colonies un long avenir de prospérité et de richesse par l'écoulement de leur production, portée au double et même au triple de ce qu'elle était sous l'empire des droits exorbitants dont elle est frappée.

pour remplacer un pilier pourri, on mettait le pilier neuf sur le toit de l'édifice prêt à crouler !

Après de pareils traits de démence, qui oserait découvrir un trésor caché sur le bon ou le mauvais emploi duquel reposerait le salut ou la perte définitive du pays ? Quand un propriétaire vend se dernière propriété pour se libérer, il faut qu'il se libère cette fois ou jamais. La valeur d'un expédient suprême est tout entière dans l'application : le même argent peut être appliqué à des nécessités factices ou à des besoins urgents : le sophisme aujourd'hui marche de pair avec la raison ; il se charge d'imposer silence au sens commun et de légitimer tous les abus.

Il est parfaitement certain et très-évident, je crois, pour tout le monde, que la question financière est entièrement primée par la question de cabinet, par la question de personnes, par les intentions, les vues, le plan du gouvernement.

La France tout entière, la majorité de l'Assemblée nationale, la majorité de la presse, demandent à grands cris de larges économies ; elles appellent du fond du cœur et à haute voix aussi des dégrèvements importants ; elles veulent sortir sans retard d'une position désormais intolérable. La France a raison! l'Assemblée nationale a raison! la presse a raison! Il ne s'agit plus d'intrigues dynastiques, il ne s'agit ni de république rouge ni de socialisme, il s'agit de liquider la situation. Le pouvoir exécutif le comprend-il, le veut-il, le peut-il?

Pour liquider la situation, il faudrait pour ainsi dire une dictature financière.

La marche d'un pays en révolution est tout entière dans une tête, dans une pensée, dans un homme: deux têtes, deux pensées, deux hommes sont un conflit, un retard, un arrêt; dix hommes, cent hommes, mille hommes, sont autant de pensées, de systèmes, de conflits, c'est la paralysie, l'immobilité complète.

En février, nous avons eu la dictature, mais elle était multiple. Elle n'était ni Lycurgue, ni Solon; elle était impuissante à fonder un système. Plus tard l'Assemblée nationale, dictateur à son tour, a fait une constitution. Nous sommes en République, mais nous n'avons par de lois, pas de système, le pays n'est point encore dans une voie certaine: il oscille, dans sa détresse, entre Carybde et Sylla, entre une restauration rétrograde et une seconde révolution de février.

Dans une situation analogue, Napoléon a sauvé la France de deux extrémités pareilles, en lui imprimant une marche qui s'éloignait également de l'ancien régime et des excès de la démagogie ; il a créé une voie nouvelle dans laquelle la France s'est avancée pendant 14 ans avec gloire ; c'était une pensée, une tête, un homme qui donnait l'impulsion.

L'idée constitutionnelle nous a fourni quinze autres années de mouvement, que la pensée de Louis-Philippe à su prolonger encore pendant 18 ans.

L'idée constitutionnelle n'était qu'une forme, comme l'idée républicaine. Le fond de la pensée, le système vivace a été de gouverner par une oligarchie disposant des budgets, pour désintéresser toutes les capacités et toutes les ambitions tracassières, tant du clergé, de la noblesse que du tiers-état, pendant que le peuple cicatriserait ses plaies par l'agriculture, l'industrie et le commerce. L'idée de Louis-Philippe a été d'exploiter la richesse nationale ainsi développée par un budget modéré, en l'appliquant à la création d'une énorme quantité d'intérêts liés au maintien de son gouvernement. L'Algérie, les colonies, la guerre, la marine, les travaux publics, les administrations, les grandes opérations d'agio, la combinaison des caisses d'épargne, les secours, primes, faveurs, tout était conçu pour associer à son gouvernement une foule de parties prenantes ou cointéressées qui consolidassent son trône et sa dynastie.

On a appelé ce système la corruption : c'était une pensée qui aurait eu un succès infaillible, si la ruine du pays n'en eût été la conséquence nécessaire. La corruption n'a eu pour frein et pour limite que l'indifférence et le mépris des citoyens ruinés. Quelques corrupteurs sont partis, les corrompus sont tous restés. Ils cherchent à rattraper et à recoudre les lambeaux du système qui leur convenait si bien; mais leurs efforts sont vains : là où il n'y a plus rien, la corruption doit faire place à l'honnêteté. Ils ne réussiront qu'à déchirer, pendant quelques années encore peut-être, le sein déjà meurtri de notre patrie.

Comment donc les gouvernants de Février se sont-ils laissé entraîner à la suite et au-delà des excès de Louis-Philippe : prodigalité, exclusion, coterie, cynisme, rien n'y a manqué. Il y avait cependant là quelques honnêtes gens au milieu, il est vrai, d'un grand nombre de bateleurs.

L'incapacité, l'ignorance, voilà le mal. Ajoutons-y les théories les plus absurdes, et par conséquent les plus populaires, sur le travail, le crédit, l'intérêt, les banques, les capitaux, la propriété, et nous comprendrons qu'en l'absence d'un homme l'anarchie et la confusion les plus complètes aient dû régner parmi nous.

Trois systèmes réformateurs se sont particulièrement disputé d'abord la direction du mouvement de Février; un quatrième, le retour à la monarchie, s'est montré plus tard et paraît aujourd'hui vouloir dominer tous les autres :

1° Les républicains de la forme ;

2° L'organisation du travail:

3° La destruction de l'appropriation ; l'abolition de l'intérêt et la gratuité du crédit.

De ces trois systèmes, un seul a jusqu'à présent gouverné la société, c'est celui des républicains de la forme. Nous avons déjà exprimé notre opinion générale sur leurs actes ; la France tout entière a constaté leur impuissance et la vanité de leurs prétentions.

L'organisation du travail par la loi était une théorie étroite née et propagée sous le règne de Louis-Philippe, s'accommodant de tout régime social et procédant brutalement par l'égalité et l'augmentation des salaires et par la diminution des heures du travail. *Les maîtres ne paient pas assez les ouvriers et les font travailler trop longtemps, voilà la théorie dans toute sa grossièreté.* Le remède à ce mal était, avant le départ de Louis-Philippe, l'augmentation des salaires, la diminution du temps du travail et l'association des ouvriers dans les bénéfices, le tout *de par la loi.* Sous la république, les prétentions ont grandi ; l'État devait s'emparer des mines, des canaux, des chemins de fer d'abord, de toutes les industries ensuite pour en faire de vastes ateliers nationaux. Les ponts et chaussées, MM. Thiers et Guizot avaient depuis longtemps appliqué cet absurde et ruineux système en ce qui concerne les travaux publics ; ils avaient également indiqué la route au communisme par la loi de **1841** sur l'expropriation et par celle de **1845** sur les servitudes de la grande voirie, appliquée au profit des chemins de fer.

Cette théorie avait ses deux pôles opposés dans les ouvriers qui demandaient derrière le Luxembourg l'application de sa première partie, et dans quelques ministres de la République qui poussaient vigoureusement l'application de la seconde. La liberté et la possession étaient ainsi attaquées, outragées, en haut et en bas, par leurs plus zélés défenseurs, égarés par une illusion d'optique.

La destruction de l'appropriation, l'abolition de l'intérêt et la gratuité du crédit, présentées par des hommes de talent et d'une infatigable faconde, embarrassaient aussi la situation d'un sophisme évident pour les habiles, mais offrant toutes les apparences et toute l'énergie de la vérité pour les simples : aussi les habiles s'en firent-ils une arme terrible, un épouvantail pour pousser à la réaction. Parmi les simples, quelques-uns suivaient leur prophète avec enthousiasme, mais le plus grand nombre le regardait s'avancer, frappé de terreur à l'idée de leurs champs, de leurs maisons, de leurs revenus enlevés à leur travail, à leur vieillesse, à leurs enfants.

Profitant du chaos et de l'impuissance engendrés par les clameurs les plus discordantes, par les agitations les plus divergentes, fatigués peut-être eux-mêmes, comme la nation tout entière, d'un bruit si effroyable, d'une rotation si stérile, les utopistes de l'ancien régime ont parfaitement compris que tout le monde désirait se reposer et échapper aux douleurs intolérables d'une transition en apparence impossible : en conséquence, ils se sont mis à inviter doucement les brebis égarées à rentrer au bercail, puis ils les ont pressées avec impatience, bientôt ils les pousseront avec violence, et quand la porte sera fermée sur le troupeau, le peu de laine qui lui reste sera arraché par ces innocents bergers, et sa chair, au besoin, les nourrira eux et leurs chiens. Mais ce reste d'aliment ne serait pas de longue durée ; une sixième révolution, plus terrible que toutes les autres, ne tarderait pas à éclater, et je crois que ce pressentiment les inquiète assez pour arrêter leur enthousiasme réactionnaire. Ils sentent que la nation ne les suit pas sur ce terrain épuisé ; ils comprennent qu'elle n'est distraite, incertaine, agitée, que par la difficulté de trouver les hommes qu'elle cherche pour réaliser ses vœux, qui n'ont rien d'incertain.

La liquidation de la situation, la diminution des taxes, la réduction des budgets, la réduction du personnel sans diminution de traitement, la décentralisation économique, le retour des travaux publics à l'industrie civile, telle est l'expression la plus générale et la plus vraie des vœux et des besoins actuels du pays. Ajoutons-y la conciliation par l'amnistie, et nous pouvons affirmer que cette expression serait sanctionnée par six millions de suffrages.

Jamais situation politique plus favorable à la réalisation de ce programme que la situation actuelle ne se sera présentée.

Le Président de la République a reçu de la presqu'unanimité des suffrages une puissance qui n'aura jamais eu d'égale pour faire le bien et sauver le pays.

L'Assemblée Nationale, élue sous l'impression des réformes à opérer et des besoins à satisfaire, n'est point formée d'un seul parti ; elle les renferme tous; elle est l'expression la plus parfaite de la révolution de Février. Pour qu'elle fît jaillir de son sein les résolutions les plus salutaires, pour qu'elle formulât les institutions les plus désirées et les plus nécessaires, il ne lui a manqué que l'unité, l'indépendance et l'impulsion de la force exécutive. Une assemblée nationale est le cerveau, la tête d'une nation, mais le pouvoir exécutif en est le cœur : si le cœur ne bat pas, le cerveau est impuissant. Le pouvoir exécutif entretient la vie organique, et la tête pense et délibère, inspirée par les besoins de la vie organique.

Le principe de la vie nationale réside dans le

président de la République, et l'importance de ses applications dans son accord avec l'Assemblée nationale.

L'Assemblée nationale actuelle est éprouvée par neuf mois de lutte : elle est formée par neuf mois d'études; elle est calmée par neuf mois de discussions; elle désire accomplir sa mission qui n'est point accomplie, quoi qu'on en puisse dire; elle redoute, avec raison, une pression factice, et, d'ailleurs, illégale qui la force à se dissoudre, avant d'avoir satisfait à son désir le plus ardent et le plus légitime, celui d'assurer les pas chancelants de la République, en s'associant à des mesures réparatrices, étudiées et signalées par elle.

Le Pouvoir exécutif, en présence d'une telle assemblée qu'il saurait couvrir et défendre contre les agitations et les menées réactionnaires, se trouverait pour ainsi dire investi d'une dictature morale; car l'Assemblée n'hésiterait pas à le suivre hardiment dans la voie de la justice et de la raison. Économies, dégrèvements, mesures financières, décentralisation, réformes administratives, il pourrait tout oser, tout obtenir, et tout faire.

Loin de trouver un pareil accord, un concours

semblable dans une assemblée nouvelle, trop tôt convoqnée; le Pouvoir exécutif n'y trouvera que l'hostilité, la répulsion et la mort!... Les nouveaux représentants, sûrs et fiers de leurs récents mandats; ardents et indisciplinés dans leurs partis; exclusifs dans leur point de vue; incertains du sentiment de la majorité, exigeront que le président de la République s'engage dans leur sens; ils prétendront tous qu'il doit sa nomination à leur influence, et s'il résiste, ils ne tarderont pas à le renverser.

En attendant ce conflit et cette révolution inévitables, dans quelque sens que ce soit, la France, dans une sombre tristesse, verra se consommer l'œuvre de sa ruine.

La dissolution de l'Assemblée nationale, au point de vue du Pouvoir exécutif, serait un acte de démence : au point de vue du salut de la société, ce serait un crime, à moins qu'elle ne résistât systématiquement aux vœux du pays, en repoussant toutes les réformes et toutes les mesures réparatrices impérieusement réclamées par les circonstances.

AUX REPRÉSENTANTS.

Citoyens Représentants,

Les quelques pages que je soumets à votre appréciation constituent la préface de la deuxième édition de mes *Institutions Républicaines*, ouvrage que j'ai eu l'honneur de vous faire remettre il y a sept mois, ainsi qu'à plusieurs hommes distingués versés dans les spéculations ou applications économiques et politiques, tant en France qu'en Allemagne, en Italie et en Angleterre.

Je ne regrette point la réserve que j'ai apportée dans cette circonstance : mon travail a fourni des projets aux gouvernants, des questions et des discours à quelques représentants, des articles à la Constitution, des programmes à des partis et des pages à des journaux.

La plupart de ces idées n'auraient pas eu peut-être les honneurs du grand jour, s'il avait fallu les souscrire du nom de leur véritable auteur : j'ai donc eu l'immense avantage d'écouter et de lire leur discussion sans passion et sans préoccupation personnelle.

L'impression la plus générale qui m'est restée de ces épreuves subies dans le silence et le recueillement, c'est que, malgré les mots et les phrases textuels révélant la paternité de certaines idées, elles ont été si malheureusement et si mal à propos présentées que je n'aurais pas hésité à les repousser, tout en les reconnaissant pour miennes. Depuis février les gouvernants et les hommes publics ont gâté tout ce qu'ils ont touché.

Aujourd'hui, M. Cobden, en Angleterre, fait de mes principes fondamentaux, la base d'une nouvelle agitation : *Abolition des impôts de toute nature sur les substances alimentaires, indigènes et exotiques; remplacement de ces impôts par un prélèvement sur les donations et les successions; réduction des dépenses publiques sur l'armée, la marine, les travaux et les autres charges abusives.* Tel est, en substance, le résumé de l'ouvrage que j'ai distribué à la Chambre et aux hommes politiques, il y a sept mois. C'est là aussi tout le programme de M. Cobden. C'est, d'ailleurs, ce même programme nettement exposé dans ma profession de foi du 3 avril 1848, qui m'a valu le suffrage unanime du corps médical du département de la Seine.

Quoi qu'il en soit, je souhaite que le grand vainqueur des lois sur les céréales triomphe également des autres taxes qui sont dans son pays, comme dans le nôtre, la cause immédiate et absolue de la misère; il a pour le soutenir le sens droit et positif du peuple anglais, qui ne se laissera pas égarer à la suite de rêveurs semblables à ceux qui, par le prestige d'une logique en apparence inattaquable et complétement fausse en réalité, ont détourné le peuple français de ses véritables intérêts.

Depuis sept mois, depuis la distribution de cet ouvrage, en dehors, comme toujours, de tous les partis, j'ai suivi avec assiduité, avec intérêt toutes les discussions, toutes les phases et tous les faits politiques; j'ai examiné toutes les propositions faites, toutes les théories qui se sont produites, et la plupart de mes convictions se sont fortifiées : quelques-unes pourtant ont dû se modifier, soit au fond, soit dans la forme, soit dans l'opportunité.

Chacun des chapitres de cette édition comporte en son lieu, soit en note, soit dans le texte, l'expression de ces modifications. Je me suis contenté, dans cette *préface*, de jeter un coup d'œil général sur notre situation actuelle, situation prévue et décrite dans mon livre.

Si vous voulez bien y jeter les yeux de nouveau, vous y trouverez toutes les réformes et toutes les économies qui sont réclamées aujourd'hui par vous avec tant d'énergie et à si juste titre.

Les évènements se précipitent avec tant de rapidité, l'opinion publique envahit si subitement ma propre pensée, que je m'empresse de faire tirer à part ma Préface et de vous la soumettre, de peur que sous peu de jours elle ne semble être que le stérile et pâle écho de la clameur universelle.

Argenteuil, 25 janvier 1849.

Dr Jules GUYOT.

www.ingramcontent.com/pod-product-compliance
Ingram Content Group UK Ltd.
Pitfield, Milton Keynes, MK11 3LW, UK
UKHW012110240726
13965UKWH00004B/1683

9 782013 049191